Préfecture du Pas-de-Calais

Extrait du Registre aux Arrêtés du Préfet

ARRÊTÉ

du 10 Avril 1837

ET

Ordonnance Royale

du 27 Janvier 1837

Saint-Omer, Imprimerie Typographique et Lithographique

VICTOR LIÉVIN

1922

Extrait du Registre aux Arrêtés du Préfet

ARRÊTÉ

du 10 Avril 1837

ET

Ordonnance Royale

du 27 Janvier 1837

ORDONNANCE DU ROI

LOUIS-PHILIPPE, Roi des Français,

A tous présens et avenir, salut.

Sur le rapport de notre Ministre Secrétaire d'Etat des Travaux Publics, de l'Agriculture et du Commerce ;

Vu les pétitions présentées de 1832 à 1834 par divers propriétaires de l'arrondissement de Boulogne contre l'organisation des Wateringues dans le Département du Pas-de-Calais ;

Vu le projet de règlement d'administration publique rédigé le 31 Décembre 1833, par le Préfet du Pas-de-Calais, pour remplacer le décret du 28 Mai 1809, qui régit les Wateringues du Département ;

Vu les délibérations des Commissions administratives des sept premières sections des Wateringues du Pas-de-Calais ; les dites délibérations en dates des 21 et 24 Janvier, 13 Février, 27 Avril, 28 Mai et 27 Octobre 1834 ;

Vu la lettre du Sous-Préfet de Boulogne du 31 Janvier 1835 ;

Vu l'avis du Conseil d'Arrondissement de Boulogne du 3 Juillet 1834 ;

Vu l'avis du Sous-Préfet de Saint-Omer du 6 Décembre 1834 ;

Vu le second projet rédigé le 11 Février 1835, par le Préfet du Pas-de-Calais ;

Vu les rapports des ingénieurs des 20 Avril et 4 Juin 1835 ;

Vu le troisième projet présenté le 19 Juin 1835 par le Préfet ;

Vu les avis du Conseil général des Ponts-et-Chaussées (section de la navigation) en date des 28 Février et 4 Juillet 1835 ;

Vu le plan des lieux ;

Vu l'arrêté du Ministre de l'Intérieur, en date du 29 Mai 1824 ;

Vu le décret du 18 Mai 1809 ;

Vu les lois des 28 Pluviôse an VIII, 14 Floréal an XI et 16 Septembre 1807 ;

Notre Conseil d'Etat entendu ;

Nous avons ordonné et ordonnons ce qui suit :

TITRE 1er

Organisation de l'Administration des Wateringues

Article 1er

Les terrains des arrondissements de Boulogne et de Saint-Omer qui sont actuellement soumis au régime des Wateringues, en vertu du décret du 28 Mai 1809, continueront d'être régis, quant à la conservation et à l'entretien des travaux et à tout ce qui touche aux intérêts généraux de dessèchement et d'amélioration, par des administrations spéciales sous l'autorité des Sous-Préfets et du Préfet.

Article 2

Ce territoire est divisé en huit sections, dont la circonscription est établie ainsi qu'il suit :

La première section comprend tout le territoire situé entre la rivière d'Aa, celle de Oye, le Wattergand de Drack, le canal de Calais, la rivière de Nielle et une ligne en deçà de laquelle sont les marais d'Audruick, de Polincove et de Ruminghem.

La deuxième est composée du territoire situé entre la rivière d'Aa et la mer, une ligne allant de la mer à la rivière du Houlet, le Canal de Calais, le Wattergand de Drack et la rivière d'Oye

La troisième contient le territoire entre la rivière du Houlet, la ligne allant à la mer et le Canal de Calais jusqu'au Fort rouge.

La quatrième est formée du territoire situé entre le canal

de Guînes, celui de Calais à la mer, et une ligne qui comprendra les marais et terres basses de Sangatte, Coquelles, Nielle, Boucres et ceux de Guînes à la gauche du canal.

Le territoire entre le canal de Guînes, celui de Calais, la rivière de Nielle, forme avec les marais de Nielle, Ardres, Balinghem, Andres et Guînes, la cinquième section.

La sixième comprend toutes les terres qui peuvent être inondées par la rivière de Selaque et ses affluents et qui forment la vallée de Marquise, depuis Fiennes et Rinxent jusqu'à l'embouchure de la Selaque.

La septième comprend le territoire des communes de Longuenesse, Arques, Clairmarais, partie de Saint-Omer, (Sons E. F. S. H. I.) Saint-Martin-au-Laërt, Salperwick, Tilques, Serques, Moulle, Houlle et Eperlecques.

La huitième comprend les terrains soumis aux inondations du ruisseau des Anguilles, depuis sa source jusqu'à la mer et formant les marais de Tardinghem, près de Wissant.

Article 3

Il sera formé, pour chaque Section, une Commission administrative composée de sept membres qui seront élus par l'assemblée des quarante propriétaires de chaque section, les plus imposés, à raison des marais qu'ils y possèdent et suivant les formes qui seront établies ci-après.

Article 4

Les administrateurs seront choisis dans la liste générale des propriétaires.

Article 5

Le même propriétaire pourra être administrateur dans deux sections à la fois ; mais dans une même Commission, il ne pourra y avoir que deux membres déjà commissaires dans d'autres sections.

Article 6

Les administrateurs seront élus pour six ans, leurs fonctions seront gratuites.

Les Commissions seront renouvelées tous les trois ans ;

lors de la première élection qui aura lieu après trois ans, le sort désignera les trois membres sortants ; à la deuxième élection, les quatre membres sortants seront remplacés et ainsi de suite.

Les administrateurs sortants pourront être réélus.

Article 7

Chaque Commission désignera deux de ses membres pour remplir, pendant la durée de la gestion, les fonctions de président et de secrétaire.

Le secrétaire sera spécialement chargé du dépôt des plans, registres et autres titres et documents.

Article 8

Les Commissions administratives sont spécialement chargées :

1o De faire dresser, examiner, modifier ou adopter les projets de travaux à exécuter chaque année et d'en déterminer le mode d'exécution.

2o De passer les adjudications ou marchés.

3o D'ordonner les dépenses, de présenter et régler provisoirement les budgets et comptes annuels.

4o De répartir chaque année le montant des contributions nécessaires pour les travaux et autres dépenses de l'association entre les communes, fractions de communes, ou bassins de sections dans la proportion des intérêts respectifs.

5o De faire dresser et vérifier les rôles de répartition entre les propriétaires intéressés de chaque commune.

6o De vérifier les comptes et écritures des préposés comptables.

7o De proposer à l'approbation du Préfet, les conducteurs, gardes, receveurs et autres agents dont l'emploi peut être nécessaire.

8o De donner leur avis sur tous les objets relatifs aux intérêts de la section, de fournir les renseignements et observations demandées par l'autorité administrative et enfin d'exercer toutes les attributions que leur confère le présent règlement.

Article 9

Les Commissions ne pourront délibérer qu'au nombre de quatre membres au moins, y compris le président, qui, en cas de partage, aura voix prépondérante. Leurs délibérations seront soumises à l'approbation du Préfet par l'intermédiaire du Sous-Préfet de l'arrondissement qui donnera son avis. Elles ne seront exécutoires qu'après cette approbation, sauf le cas d'urgence dont il serait rendu compte aussitôt au Préfet.

Article 10

Les Commissions de deux ou d'un plus grand nombre de sections ne pourront se réunir en une assemblée qu'en vertu d'un ordre ou avec l'autorisation du Préfet.

Article 11

En cas de vacances dans l'intervalle des élections, lorsque la Commission sera réduite à cinq membres, il sera procédé au remplacement des membres manquant si les pouvoirs de la Commission doivent se prolonger encore de plus d'une année à dater de la seconde vacance.

Les nouveaux membres ne seront élus que pour atteindre le terme des fonctions de ceux qu'ils remplacent.

Article 12

La dissolution d'une Commission administrative peut être prononcée par ordonnance royale.

Dans ce cas, le Préfet fera procéder, dans les trois mois qui suivront, à une nouvelle élection et prescrira les mesures que pourraient exiger les intérêts de la section.

TITRE II

Elections

Article 13

La liste des quarante propriétaires électeurs sera dressée par le Sous-Préfet, sur les états des Receveurs spéciaux dont il sera fait mention ci-après ; elle sera ensuite vérifiée et certifiée par les Commissions administratives.

Cette liste présentera les noms, prénoms et domicile des propriétaires, la quantité des terres imposées qu'ils possèdent dans la section et les communes dans lesquelles les terrains sont situés.

Article 14

Le Sous-Préfet, après avoir arrêté provisoirement la liste, en fera déposer, pendant un mois, une copie certifiée aux mairies de Communes comprises dans la section.

Aussitôt après la réception de cette liste, les Maires en feront annoncer le dépôt par affiches et publications, afin que les propriétaires intéressés puissent en prendre connaissance.

Le dépôt et la publication seront constatés par certificat du Maire.

Tout contribuable de la section pourra, dans le mois à dater de l'avis du Maire annonçant le dépôt, signaler les erreurs qu'il croirait avoir été commises et en demander la rectification. Après ce délai, aucune réclamation ne sera admise.

Article 15

Après avoir pris les renseignements et fait les vérifications nécessaires, le Sous-Préfet rectifiera, s'il y a lieu, la liste et la transmettra au Préfet avec les certificats des Maires, les réclamations et autres pièces produites.

En cas de contestation, le Préfet prononcera au Conseil de Préfecture dans le délai de quinze jours ; il arrêtera ensuite définitivement la liste.

Article 16

Un arrêté du Préfet désignera le lieu de la réunion des électeurs ; le Sous-Préfet convoquera et présidera l'assemblée électorale.

En cas d'empêchement, le Sous-Préfet pourra déléguer un Conseiller d'arrondissement ou le Maire du chef-lieu du canton pour présider l'assemblée.

Les électeurs seront convoqués régulièrement et au moins quinze jours d'avance.

Article 17

Les propriétaires, appelés par leurs contributions à faire partie de l'assemblée électorale, peuvent s'y faire représenter par des fondés de procuration. Les procurations seront générales ; elles ne seront admises qu'après que le bureau en aura reconnu la régularité

Nul ne pourra voter comme procureur fondé s'il n'est propriétaire dans la section.

Nul ne pourra exercer les droits de procureur fondé par plusieurs mandats dans la même assemblée.

Article 18

Les femmes, les mineurs, les interdits, les Communes et les établissements publics concourent aux élections par représentants.

Les femmes peuvent se faire représenter par procureur fondé ou par leurs fils, petits-fils, gendres ou petits-gendres majeurs, leurs fils, petits-fils, gendres ou petits-gendres n'ont pas besoin d'être propriétaires dans la section.

Les incapables sont de droits représentés par leurs tuteurs, les Communes par les Maires ou leurs adjoints, les hospices ou autres établissements publics par un de leurs administrateurs.

Article 19

Nul n'est admis à voter s'il n'est inscrit ou représentant légal d'un inscrit sur la liste arrêtée par le Préfet et déposée sur le bureau.

Article 20

Les deux plus âgés des électeurs présents sachant lire et écrire, rempliront les fonctions de scrutateurs. Le Bureau désignera le Secrétaire.

Article 21

L'élection aura lieu au scrutin secret et de liste. La

présence du tiers plus un des électeurs inscrits sur la liste et la majorité absolue des votes exprimés, sont nécessaires au premier tour de scrutin pour qu'il y ait élection.

Au deuxième tour de scrutin, la nomination a lieu à la pluralité des votes exprimés, quel que soit le nombre des votants.

En cas d'égalité des voix, l'élection est acquise au plus âgé. Chaque scrutin doit rester ouvert pendant deux heures au moins.

Après le dépouillement du scrutin, le président en proclame le résultat.

Le procès-verbal des opérations de l'assemblée est rédigé et signé, séance tenante, par les membres du bureau.

Article 22

Les électeurs ont seuls le droit de contester la validité des opérations. Toute réclamation qui n'aurait pas été consignée au procès-verbal devra être déposée à la Sous-Préfecture dans le délai de cinq jours. Ce délai expiré, le Sous-Préfet soumettra au Préfet le procès-verbal et les pièces.

Article 23

Dans le délai ci-dessus fixé, s'il n'y a pas eu de réclamations et s'il n'apperçoit aucune cause de nullité, le Préfet déclarera l'élection valide. Dans le cas contraire, il déférera le jugement de la nullité au Conseil de Préfecture.

TITRE III

Rédaction des projets
Exécution des travaux

Article 24

Les projets de travaux seront rédigés par un conducteur spécial, qui, sur la délibération des commissions intéressées, pourra être attaché à plusieurs sections à la fois. L'ingénieur des Ponts-et-Chaussées de l'arrondissement vérifiera ces projets et proposera les modifications qui lui paraîtront nécessaires.

Article 25

Lorsqu'il s'agira de travaux extraordinaires, la rédaction des projets pourra être confiée à l'ingénieur, sur la demande des Commissions administratives.

Article 26

Les projets seront soumis à l'approbation du Directeur général des Ponts-et-Chaussées, lorsqu'il s'agira des travaux autres que ceux relatifs à l'entretien et à la conservation du dessèchement.

Article 27

Les travaux seront, autant que possible, adjugés d'après le mode adopté pour ceux des Ponts-et-Chaussées, en présence du président de la Commission ou d'un administrateur délégué. Ils pourront cependant être exécutés de tout autre manière, sur l'avis de la Commission et de l'ingénieur en chef et d'après l'autorisation du Préfet.

Article 28

L'exécution des travaux sera dirigée par un conducteur spécial. L'ingénieur procédera aux vérifications et réceptions des ouvrages, en présence d'un administrateur et d'un conducteur qui signera les procès-verbaux et pourra y consigner ses observations.

Article 29

En cas de désaccord entre la Commission et l'ingénieur, relativement aux projets des travaux et à leur exécution, il sera statué par le Préfet sur l'avis du Sous-Préfet et de l'ingénieur en chef.

Article 30

Les budgets et les devis des travaux prévus auxdits budgets, seront déposés au commencement de chaque année, pendant quinze jours, à la Mairie des chefs-lieux de canton, afin que les propriétaires de la Section puissent en prendre connaissance et présenter leurs observations sur l'utilité des dépenses et sur le montant des taxes à imposer.

La Commission devra informer de ce dépôt les Maires des Communes de la section qui en donneront avis aux intéressés par voie de publication et d'affiche.

Article 31

Tout projet de nouvel établissement, tel que construction de canaux, chemins, ponts, écluses, barrages, de nature à changer le système de dessèchement, d'irrigation et d'écoulement des eaux, devra être l'objet d'une information de commodo et incomodo ordonné par le Sous-Préfet sur le projet ou l'avant projet des travaux.

Devra faire également l'objet d'une enquête, tout projet dont l'exécution pourrait exercer quelqu'influence sur la navigation de l'Aa ou sur les Wateringues du Département du Nord.

TITRE IV

Contributions, Recettes & Dépenses

Article 32

Le recouvrement des taxes sera fait au choix des administrateurs de chaque section ou par les percepteurs des communes ou par un receveur spécial que la Commission administrative aura le droit de choisir, mais dont elle sera tenue de faire préalablement approuver la nomination par le Préfet.

Le Receveur spécial prêtera serment entre les mains du Préfet.

Article 33

Les percepteurs ou le receveur spécial dresseront les rôles sur les documents qui leur seront fournis par la Commission. Ces rôles seront ensuite vérifiés par cette même Commission, visés par son Président et rendus exécutoires par le Préfet.

La perception en sera faite de la manière et avec les privilèges établis pour les contributions directes.

Article 34

Dans les sections où il y aura un receveur spécial, il sera chargé d'acquitter les mandats délivrés par la Commission.

Ces mandats devront être accompagnés de pièces justificatives dressées par le conducteur et visées par le président ou par un administrateur délégué, et en outre d'un certificat de conducteur, quand il s'agira de paiement d'à-compte à un entrepreneur et d'un procès-verbal de réception de l'ingénieur, lorsqu'il sera question des paiements de solde.

Article 35

Le même receveur spécial pourra exercer ses fonctions dans plusieurs sections à la fois.

Article 36

Lorsque le recouvrement des rôles sera confié aux percepteurs municipaux, il y aura dans la section un caissier chargé de centraliser le montant des taxes, d'effectuer lui-même les autres recouvrements divers et d'acquitter les dépenses régulièrement autorisées.

La nomination du caissier sera soumise aux mêmes formalités que celles des receveurs spéciaux.

Article 37

Pour garantie de leur gestion, les percepteurs, receveurs et caissiers seront assujettis à un cautionnement mobilier ou immobilier, dont l'importance sera réglée par la Commission.

Article 38

Il sera alloué à ces préposés comptables une remise dont la quotité sera fixée par le Préfet, sur la proposition de la Commission.

Article 39

Chaque année, les receveurs spéciaux et les caissiers rendront compte, avant le 1er Juin, des recettes et dépenses de l'exercice précédent. Il ne leur sera pas tenu compte des paiements irrégulièrement faits.

Article 40

Les comptes seront présentés en double expédition, appuyés de pièces justificatives, après avoir été vérifiés et arrêtés provisoirement par la Commission ; ils seront soumis au Conseil de Préfecture, qui les arrêtera après avoir entendu le Sous-Préfet. Il en sera déposé un exemplaire à la Sous-Préfecture et aux Mairies des Communes de la Section où les contribuables pourront en prendre communication.

TITRE V

Dispositions générales

Article 41

Les contestations relatives à la confection et au recouvrement des rôles, aux réclamations des individus imposés et à l'exécution des travaux, seront portées devant le Conseil de Préfecture, conformément aux dispositions des lois des 28 Pluviôse An VII et 14 Floréal an XI, sauf recours devant nous en notre Conseil d'Etat.

Article 42

L'accomplissement des obligations et le paiement des dépenses qui seront à la charge des propriétaires, pourront être exigés des fermiers, locataires et autres détenteurs, à quelque titre que ce soit, sauf leur recours contre les propriétaires et sans préjudice des conditions particulières dont la connaissance est du ressort des tribunaux.

Article 43

Les délits et contraventions seront constatés par des conducteurs, gardes ou autres fonctionnaires et agents de police mentionnés à l'article 2 de la loi du 29 Floréal, An X.

Les agents spécialement préposés à la police des Wateringues devront, à cet effet, prêter le serment voulu par la loi.

Article 44

Toutes réparations et dommages seront poursuivis et réprimés par voie administrative comme pour les objets de grande voirie.

Les délits seront poursuivis par les voies ordinaires devant les tribunaux.

Le tiers des amendes appartiendra à l'agent qui aura constaté la contravention ou le délit.

Article 45

Les honoraires, frais de voyages et autres dépenses qui seront dus aux ingénieurs, seront payés d'après le règlement qui en sera fait, conformément aux dispositions de l'article 75 du décret du 7 Fructidor, An XII. Ces indemnités pourront être consenties et réglées par forme d'abonnement.

Article 46

Les Commissions arrêteront et soumettront à l'approbation du Préfet, les règlements particuliers qu'elles jugeront nécessaires à la construction et à l'entretien des ouvrages dont l'administration leur est confiée, ainsi que la régularité du service.

Afin d'établir autant que possible l'uniformité désirable dans toutes les parties de l'administration des Wateringues, ces règlements particuliers seront discutés et préparés par une Commission spéciale, composée d'un délégué des diverses Commissions du département ou de l'arrondissement.

Les règlements actuellement en vigueur, tant qu'ils n'auront pas été modifiés, continueront d'être suivis dans celles de leurs dispositions qui ne seraient pas contraires à la présente ordonnance.

Article 47

Notre Ministre Secrétaire d'État des Travaux publics, de

l'Agriculture et du Commerce, est chargé de l'exécution de la présente ordonnance.

Fait au Palais des Tuileries, le 27 Janvier 1837.

Signé : LOUIS-PHILIPPE.

Par le Roi :

Le Ministre Secrétaire-d'Etat
au Département des Travaux publics, de l'Agriculture,
et du Commerce,

Signé : N. MARTIN (du Nord.)